AF377237

Souvenirs

RELATIFS

A QUELQUES BIBLIOTHÈQUES

particulières

des Temps passés,

PAR **GAB. PEIGNOT.**

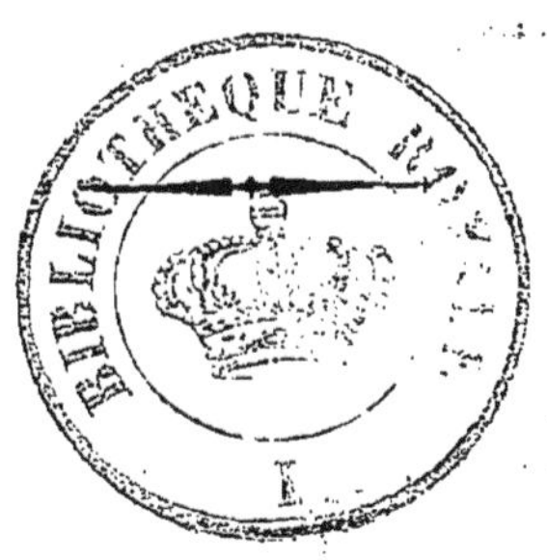

A PARIS,

Chez **TECHENER**, place du Louvre, n° 12.

A DIJON,

Chez Victor **LAGIER**, place Saint-Etienne.

M DCCC XXXVI.

TIRÉ A CENT SOIXANTE-DIX EXEMPLAIRES.

DIJON, IMP. DE Mme VEUVE BRUGNOT.

SOUVENIRS

RELATIFS

à quelques Bibliothèques

PARTICULIÈRES

DES TEMPS PASSÉS.

—◆—

DE QUELQUES LIVRES DU TASSE,

à Ferrare.

Est-il bien vrai que le pauvre Tasse, si malheureux pendant sa vie, si fêté à l'instant de sa mort, si célèbre dans la postérité, ait jamais eu en sa possession une bibliothèque ? Il faut bien le croire, puisque une pièce authentique en fait foi. C'est parmi les manuscrits de la bibliothèque du duc de Modène, que l'on a découvert un vieux chiffon de papier écrit de la propre main de l'infortuné Torquato et contenant une liste ou catalogue de ses livres et un inventaire de sa garde-robe, tel que le tout existait dans le temps qu'il gémissait, enfermé comme fou * dans l'hôpital Sainte-Anne de Ferrare, où il est resté par ordre du duc Alfonse II, depuis 1579 jusqu'en 1586. Parlons d'abord de sa bibliothèque, si l'on peut donner ce nom à une réunion de quelques livres. Elle se composait de soixante et douze volumes, sur lesquels malheureusement il ne nous est parvenu que des détails plus qu'incomplets.

On signale d'abord un *Nouveau-Testament*, imprimé; puis quelques *ouvrages grecs et latins*, tant en prose qu'en vers, également imprimés, mais dont on ne nous a désigné ni le nom des auteurs, ni le format, ni le nombre de volumes; viennent ensuite une *Rhétorique de Cicéron*, et des volumes détachés de *Boccace*, du *Trissin*, du *Bembo*, de *Caporali* et de *Salviati*. Un *in-4°*, écrit de sa main, renfermant ses *poésies*. Un autre *in-4°* contenant ses *lettres* au duc d'Urbin. On cite encore cinquante *stances* au pape; puis deux volumes *in-fol.*, de ses *œuvres*, enfin quelques manus-

---

* La folie n'était pas entièrement étrangère au motif de sa détention, si l'on en croit l'anecdote suivante racontée par Muratori.

Le Tasse, très-bien accueilli du duc de Ferrare qui l'avait même emmené avec lui, dans un voyage qu'il fit en France, à la cour de Charles IX, s'avisa à son retour en Italie, de devenir éperdûment amoureux de la princesse Eléonore, sœur du duc, son bienfaiteur. Cette inconcevable passion fit le tourment de sa vie et rien ne put l'en guérir. Un jour (en 1579) qu'il y avait grand cercle au palais ducal où toute la cour était réunie, notre malheureux poète est tout à coup saisi d'un redoublement d'accès de sa folie amoureuse; il se jette au cou de la princesse Eléonore et l'embrasse avec transport. Tout le monde est stupéfait; le duc Alfonse, avec sang-froid, se tournant vers ses courtisans : « Quel dommage, dit-il, qu'un si grand homme soit devenu fou ! « qu'on l'emporte à l'hôpital et qu'on le soigne. » L'ordre fut à l'instant exécuté, et le Tasse ne recouvra sa liberté qu'au commencement de 1586, à la prière du duc Vincent de Gonzague.

crits moins importants. Voilà ce en quoi consistait la prétendue bibliothèque du Tasse; à coup sûr, ce n'était pas
un objet de grand luxe; et cependant il pourra passer
pour tel, si on le compare à sa garde-robe, dont voici le
chétif détail :

Sept chemises bonnes et cinq hors d'usage; deux paires
de bas de fil, et une paire propre à être mise dans les bot-
tes; six mouchoirs de poche; quatre fraises hors de service;
douze jarretières de soie, et deux toques, dont l'une neuve
et l'autre vieille. Telle était la garde-robe du Tasse, de l'un
des plus beaux génies de l'Italie, du chantre de Godefroi
de Bouillon, de celui qui a fait gagner des millions aux
écrivains, imprimeurs et libraires qui, depuis près de quatre
siècles s'engraissent du produit de ses veilles!!!

Le Tasse (Torquato Tasso), né à Sorrento (royaume de
Naples), le 11 mars 1544, est mort à Rome, le 15 avril
1595, la veille du jour où il devait monter en triomphe au
capitole, et y recevoir, aux acclamations du peuple, la cou-
ronne de poète lauréat.

En 1808, le gouvernement de Naples voulant honorer la
mémoire du Tasse, ordonna qu'un monument lui serait
élevé à Sorrento, en face de la maison où il est né; que les
manuscrits originaux de ses ouvrages, existant dans la bibliothèque royale de Naples, seraient transportés dans cet
édifice; que l'on y déposerait un exemplaire de toutes les
éditions et de toutes les traductions qui en ont été faites, et
que la conservation de ce précieux dépôt serait confiée au
plus proche descendant de sa famille.

DE LA BIBLIOTHÈQUE DU P. BOUHIER,

à Dijon.

Le noyau de la riche bibliothèque du président Bouhier

a été formé de celle de **Ponthus** et de **Cyrus de Thiard** *,
acquise dès 1662, par Jean Bouhier, conseiller au parlement de Dijon, aïeul du président; mais cette collection a
pris un accroissement considérable entre les mains de ce
dernier qui s'est acquis une si grande réputation comme
magistrat, comme savant et comme littérateur distingué **.

---

* Ponthus de Thiard, fils de Jean de Thiard, lieutenant-général de
Mâconnais, naquit à Bissy, (Saône-et-Loire,) en 1521; il fut évêque
de Châlon-sur-Saône en 1578; il a cultivé les lettres avec succès dans
son temps. Rousard prétend que c'est à ce Prélat qu'on doit l'introduc-
tion du sonnet en France; ce genre de poésie a passé comme la
réputation poétique de Ponthus qu'on surnommait *L'Anacréon Français*.
Cet évêque assista aux Etats-de-Blois, mais de retour dans son diocèse,
et vivement affecté de voir sa ville épiscopale en proie aux excursions du
calvinisme, il résigna son évêché, en 1594, à son neveu, Cyrus de
Thiard, et se retira à Bragny-sur-Saône où il mourut en 1605.

Cyrus, quoique inconnu dans les lettres, n'en a pas moins conservé
et augmenté la bibliothèque de son oncle. Il est mort en 1624.
La famille des Thiard à compté dès-lors plusieurs illustrations, entre
autres, le cardinal Henri de Thiard de Bissy, né en 1656, mort en
1737. — H. G. comte de Thiard de Bissy, lieutenant des armées du
roi, né en 1722, condamné à mort par le tribunal révolutionnaire, exécuté
le 9 thermidor (27 juillet 1794), jour de la chûte de Robespierre; —
Claude de Thiard de Bissy, ancien lieutenant des armées du roi, né en
1721, mort en 1810. M. Amanton lui a consacré une notice dans les
Mémoires de l'Académie de Dijon, en 1831. Le fils du précédent, M.
le marquis de Thiard, existe encore; il a été membre de la chambre
des députés, nommé par le département de Saône-et-Loire.

** Jean Bouhier, fils et petit-fils de conseillers au parlement de Dijon,
naquit dans cette ville le 17 mars 1673. Il y fit d'excellentes études,
qu'il couronna par un très bon cours de droit suivi à Orléans. Il fut
reçu conseiller au parlement de Bourgogne en 1693, puis président en
1704. Premier jurisconsulte de son temps, il se fit une telle réputation

Ce beau monument consistait en 35,000 volumes imprimés,
dont la majeure partie était du choix de cet illustre savant;
c'est dire qu'on y trouvait, dans tous les genres, les ouvrages les meilleurs, les plus beaux, les plus rares et les mieux
conditionnés; on y comptait en outre 2,000 manuscrits
plus précieux les uns que les autres, surtout en pièces cu-
rieuses concernant la province et la ville de **Dijon**. L'une
des plus intéressantes était sans doute l'original sur vélin,
avec les douze sceaux en cire, du *Traité de Paix*, passé le
mardi 13 septembre 1513, au camp devant **Dijon**, entre

---

dans les lettres, que l'académie française l'admit dans son sein à l'una-
nimité des suffrages, le 16 juin 1727, quoiqu'il résidât à Dijon; hono-
rable exception, car les réglemens exigeaient résidence à Paris. C'est
ce qui fit dire à Voltaire, héritier du fauteuil de Bouhier à la même
académie : *c'eût été violer la loi que de n'en pas transgresser la
lettre en faveur d'un grand homme.* La célébrité littéraire de cet
illustre Bourguignon était telle qu'une compagnie de libraires lui dédia
en 1725, la plus belle édition de Montaigne, qui eût paru jusqu'alors
(3 *vol. gr. in-4º*), et l'on mit *ces seuls* mots en tête de l'ouvrage :
A MONSIEUR LE PRÉSIDENT BOUHIER, sapienti sat est. Il est certain que Jean Bouhier était un de ces magistrats intègres, de ces ju-
risconsultes profonds, de ces aimables littérateurs, plein de goût et
d'érudition dont la France a le plus à s'honorer; c'est ce qu'attestent
ses nombreux ouvrages de jurisprudence, de philologie, de littérature
et d'histoire. Il est mort le 17 mars 1746, assisté du savant P. Oudin,
son ami. Celui-ci lui trouvant à sa dernière heure un air de profonde mé-
ditation, lui demanda ce qui l'occupait. Le moribond fit signe qu'on
ne le troublât point : Le P. Oudin insista; alors le président fit un ef-
fort pour prononcer : j'épie la mort, et ce furent ses dernières paroles:
elles annoncent une grande tranquillité d'ame. La nuit précédente, il
s'était fait l'épitaphe suivante :

QUI TRISTEM COLUIT THEMIDEM, MITESQUE CAMENAS,
CONDITUR HOC JANUS MARMORE BUHERIUS.

Louis de la Trémoille (Trimouille), gouverneur de Bourgogne, et les Suisses, qui bloquaient et assiégeaient la ville
depuis le vendredi précédent.

Cette bibliothèque, qui occupait de vastes salles dans
l'hôtel du propriétaire, rue Vauban (actuellement occupé
par M. Hernoux, maire, n° 12), était parfaitement disposée.
Le président, qui était tout aux lettres et à ses amis, l'ou-
vrait à tous ceux qui avaient besoin d'y puiser des secours.
On y voyait aussi un beau portrait de la Monnoye, fait à
Paris, par d'Archeville, en 1721, et que le président avait
sollicité avec instance de La Monnoye lui-même *, car le
commerce des lettres les avait liés de la plus étroite amitié.
Heureusement ce précieux tableau fut distrait lors de la
vente des livres, et il passa dans le cabinet de M. Victor
Dumay, avocat à Dijon, où il est religieusement conservé
comme meuble de famille.

A la mort de Bouhier, sa superbe bibliothèque devint,
par droit de succession, la propriété de son gendre, M.
Chartraire de Bourbonne, président au parlement, qui en
prit soin tant qu'il vécut; il en fut de même de son fils, également président au même parlement. Celui-ci étant mort
en 1781, eut pour successeur son gendre, M. le comte d'A-
vaux de la maison de Mesme, qui hérita bien de la bibliothèque, mais qui, selon toute apparence, n'hérita ni du goût
de son bisaïeul pour les lettres, ni du respect religieux de
son beau-père pour ce dépôt précieux, car à peine en fut-
il en possession qu'il songea à s'en défaire, regardant sans
doute cette fameuse bibliothèque comme un meuble inutile.
Ce fut en 1784 qu'il termina cette déplorable affaire avec
l'abbé de Clairvaux (M. Rocourt), qui conclut le marché

---

* Voyez nos *Nouvelles recherches sur Bernard de La Monnoye ;*
Dijon, 1832, in-8°, avec portr. et fac simile, pp. 48 et 49.

moyennant la somme de 135,000 livr., prix beaucoup au-dessous de la valeur de ce trésor vraiment inappréciable , qui, comme nous l'avons dit, consistait en 35,000 volumes imprimés et 2,000 manuscrits. De l'aveu de tous les connaisseurs, cette bibliothèque valait au moins 200,000 livr., et l'estimation qu'on en avait faite, montait à 300,000.

Quand ce beau monument, disloqué et renfermé dans des caisses, quitta l'hôtel de Bourbonne pour gagner la route de Clairvaux, ce fut un jour de deuil pour les Dijonnais; toute la ville manifesta hautement son mécontentement et ses regrets. Bernard Piron, digne neveu d'Alexis dans le genre de l'épigramme *, exprima son indignation sur ce triste événement, dans des vers que nous sommes bien éloigné d'approuver en totalité, surtout le troisième et le quatrième, dont l'obscurité n'est pas même rachetée par la causticité;

---

* Bernard Piron est né à Dijon le 16 décembre 1718 ; il fut avocat au parlement et membre de l'Académie de cette ville. Passionné pour la poésie, il réussissait, dit-on, assez bien dans l'épigramme ; il n'a rien imprimé. On prétend que la plupart de ses manuscrits sont entre les mains de M. le docteur B . . . . ., tenant à la famille du poète. C'est à la tradition que l'on doit le souvenir de quelques-unes de ses petites pièces malignes, telles que celle-ci faite pour une rentrée du parlement.

> Aujourd'hui le bareau reprend son exercice,
> Et tout rentre au Palais excepté la Justice.

Et cet autre très-gratuite sur M. Beguillet, écrivain respectable , qui, après avoir publié un *Traité de la connaissance des grains , et de la mouture ;* Paris, 1775, 4 vol. in-8º, sollicitait une place à l'Académie :

> Dans son traité sur la mouture
> Beguillet rend service à la nature ;
> Ce bienfaiteur du genre humain
> Mérite bien place au moulin.

Et celle-ci sur le buste d'un nouveau régisseur des fermes, qu'on substituait à celui de son prédécesseur , au-dessus de la porte de l'hôtel de

mais le fond de l'épigramme peint si bien l'impression péni-
ble que fit dans la ville l'enlèvement du trésor en question,
que nous croyons pouvoir la rapporter.

> Adieu, riche bibliothèque,
> Dépôt du génie et de l'art;
> Du grand prophète de la Mecque
> Va trouver les fils chez Bernard.
> Sur tes ballots je veux qu'on lise,
> N'en déplaise au fripier d'Avaux,
> Trésor livré par la sottise
> A l'ignorance de Clairvaux.

Ces vers sont très-mordans, mais l'épigramme eût-elle
perdu de son sel quand le poète nous eût fait grâce de la
Mecque, vraie cheville pour rimer avec *Bibliothèque?* Puis-
qu'il avait envie de faire contraster la richesse du dépôt avec
la prétendue ignorance des moines, il nous semble que le
dernier vers suffisait. Cette comparaison des religieux avec
les Turcs nous paraît non-seulement surabondante, mais,
comme on dit trivialement, tirée par les cheveux, peu juste
et de mauvais goût. D'ailleurs, ce qui prouverait que cette
accusation banale d'ignorance répandue contre les bernar-
dins, n'était peut-être pas aussi applicable à ceux de Clairvaux que veut bien le dire **B.** Piron, c'est que la bibliothèque de l'abbaye était déjà recommandable avant l'acquisi-

---

la ferme générale, rue Saint-Philibert : le poète passant et voyant les
ouvriers occupés à changer les bustes se mit à dire :

> Il n'est rien ici-bas à quoi l'homme ne touche,
> On déplace Mandrin pour replacer Cartouche.

C'est bien certainement à B. Piron que l'on doit cette épitaphe de
Robespierre attribuée à tant de monde :

> Passant, ne plains pas son sort,
> S'il vivait, tu serais mort.

Bernard Piron est décédé à Dijon, le 9 mars 1812.

tion de celle du président Bouhier; les savans les plus cé-
lèbres la mettaient à contribution; Voltaire, entre autres,
la visitait souvent lorsqu'il allait à Cirey, chez madame du
Chastelet; non seulement il recourait aux livres, mais il
consultait avec plaisir les religieux, et il en a tiré plus d'un
renseignement utile.

Depuis la révolution, la bibliothèque du président Bouhier a été transférée de l'abbaye de Clairvaux à Troyes, par
suite d'un décret qui prescrivait la translation des bibliothèques des couvents dans les chefs-lieux de départements,
et en vertu d'un arrêté du conseil-général du département
de l'Aube, en date du 13 décembre 1790, conforme à ce
décret. Il est dit dans le préambule de cet arrêté qu'on
évalue à 40,000 le nombre de volumes composant la bibliothèque du président, *suivant le catalogue* IMPRIMÉ *à Dijon.*
Cela ferait croire qu'on avait ce catalogue sous les yeux;
et cependant nous croyons pouvoir assurer qu'aucun catalogue de cette bibliothèque n'a été imprimé. Il paraît certain qu'il en a existé un manuscrit, et qu'on l'a joint aux
livres envoyés à Clairvaux; car notre savant et obligeant
ami, **M. Patris-de-Breuil,** résidant à Troyes, nous mande
qu'il a eu à sa disposition ce catalogue *inédit,* et qu'il en a
copié la préface qui est assez curieuse. Cela nous donnerait à
penser que cette préface et ce catalogue pourraient bien
être l'ouvrage du président Bouhier lui-même.

Quoiqu'il en soit, sa belle collection est arrivée à Troyes
vers 1792, et a été déposée dans l'une des salles de l'abbaye de Saint-Loup, près de l'église Cathédrale de cette
ville; cette salle a 160 pieds de longueur sur 30 de largeur
et 21 de hauteur. Les quatre faces de ce beau vaisseau ont
été garnies du haut en bas de rayons, qui ont reçu, d'abord
confusément, les livres du président. Cette confusion a
duré jusqu'en 1796, époque où **M.** l'abbé Herluison, sa-

vant recommandable, a été nommé bibliothécaire ; mais il ne put terminer le classement des livres, ayant été injustement destitué l'année suivante. Sa réintégration eut lieu en 1800. Alors il continua son travail de classification, puis commença le catalogue, qui n'était pas encore achevé à sa mort arrivée en 1811, et qui ne l'a été que plusieurs années après ce malheureux événement.

Dans la statistique du département de l'Aube, publiée en 1801, par les soins du préfet, M. Bruslé de Valsuzenai, il est dit que « la bibliothèque de ce département renferme « plus de 55,000 vol. qui seront réduits à environ 45,000, « lorsqu'on aura vendu les doubles. » Il faut remarquer que la collection du président forme à peu près les cinq sixièmes de cette bibliothèque ; l'auteur de la statistique entre ensuite dans quelques détails sur la composition de ce riche dépôt : « Les diverses facultés, dit-il, sont iné- « galement partagées ; la jurisprudence, la théologie et « l'histoire sont assez bien fournies ; mais les sciences et les « arts ne le sont pas en proportion. On y voit beaucoup « d'éditions du XVe siècle, dont la plus ancienne ne re- « monte pas au delà de 1470 ; il y a un certain nombre « d'éditions des Aldes, des Juntes, des Etiennes, des Plan- « tin, etc., quelques Elzévirs, des *variorum*. Dans la fa- « culté de l'histoire se trouvent les grandes collections des « *Bollandistes*, de la *Byzantine*, des histoires univer- « selles, et beaucoup d'histoires particulières des états, « des provinces et des villes. La partie des antiquités est « assez riche ; outre les vastes collections des Grævius, « des Gronovius, des Sallengre, on y voit les *Antiquités* de « Montfaucon, les ouvrages sur Herculanum, etc., etc. » En citant ces immenses recueils, nous n'avons d'autre intention que de faire connaître quelques uns des ouvrages capitaux qui entraient dans la collection du président Bouhier.

Nous ajouterons encore que, dans le principe, quelques spoliations ont eu lieu dans cette bibliothèque, et de plus, que des commissaires envoyés par le gouvernement pour enlever au profit de la bibliothèque nationale à Paris, les raretés qui pouvaient se rencontrer dans les dépôts des départements, n'ont pas épargné celui de Troyes. Cependant, graces à l'heureuse adresse de l'abbé Herluison, leur moisson n'a pas été aussi abondante qu'on aurait pu le craindre; M. l'abbé avait eu soin de détourner les livres qu'il présumait être l'objet des recherches de ces messieurs. En manœuvrant ces livres pendant la nuit, il les faisait changer de place à mesure que MM. les commissaires avançaient dans leur travail; de sorte que plusieurs curiosités ont échappé à leurs recherches. C'est une petite ruse qui n'a nullement dû charger la conscience du bon abbé, et dont ses compatriotes doivent lui savoir gré.

Nous finirons par dire qu'au milieu de la bibliothèque de Troyes, ont voit le buste du président Bouhier avec une inscription latine qui indique l'année de sa naissance, celle de sa mort, et quelques mots sur sa bibliothèque, qui fait le fond, la base et l'ornement le plus précieux que pût jamais espérer celle de Troyes.

DE LA BIBLIOTHÈQUE DE VOLTAIRE,
à Ferney.

On a toujours été surpris que l'homme le plus fécond, le plus universel, le plus brillant, et en même temps le mieux partagé des dons de la fortune, parmi les écrivains du xviiie siècle, que Voltaire enfin n'ait pas possédé une bibliothèque plus nombreuse et mieux assortie dans tous les genres, lui, dont les recherches étaient immenses et dont les volumineuses productions fourmillent de tant de citations et

de tant d'extraits ! La collection complète de ses livres, telle
qu'elle s'est trouvée au château de Ferney après sa mort, ne
consistait qu'en 6,210 volumes ; et encore, la plupart étaient,
dit-on, assez médiocres, surtout dans la partie de l'histoire
et dans celle des classiques. La classe des romans était presque nulle, à peine y comptait-on trente volumes ; ce n'est
pas un grand reproche à faire au propriétaire, puisque cela
ne l'a pas empêché de publier de fort jolies choses en ce genre.
Les beaux et grands ouvrages, à part ceux dont on lui faisait
présent, étaient aussi fort rares dans cette collection. Les livres
de philologie et de haute érudition y manquaient en grande
partie. Enfin la bibliothèque de Voltaire, on en convient géné-
ralement, n'était ni aussi belle, ni aussi nombreuse, ni aussi
bien choisie que son goût, sa fortune et ses besoins l'auraient
fait présumer ; mais il faut ajouter que ce qui pouvait con-
tribuer à altérer un peu la substance et l'éclat de quelques
parties de sa collection, c'est qu'il exécutait parfois sur
certains ouvrages, ce que sa muse prétendait avoir vu dans
le *Temple du goût* * ; il réduisait à dix, quinze, vingt pages,
des volumes entiers, et faisait cartonner ou relier ensemble
ces pages détachées. A coup sûr, ce procédé singulier, tout
quintessentiel qu'il puisse être, ne sera jamais du goût ni
de nos bibliomanes, ni même de nos bibliophiles **.

---

* Voici le passage extrait littéralement de ce charmant petit poème
qui lui a fait plus d'un ennemi : « Dans la bibliothèque de ce palais en-
« chanté (le *Temple du Goût*) , et elle n'est pas ample, presque tous
« les livres sont corrigés et retranchés de la main des muses. On y voit
« entre autres l'ouvrage de Rabelais réduit à un demi-quart ; Marot ,
« qui n'a qu'un style, et qui chante du même ton les psaumes de David
« et les merveilles d'Alix, n'a plus que huit ou dix feuillets. Voiture et
« Sarrazin n'ont pas à eux deux plus de soixante pages. Tout l'esprit
« de Bayle se trouve dans un seul tome , de son propre aveu...... »

** En Angleterre, le célèbre Fox , tout en visant au même but , en

Mais si la plupart des livres composant la bibliothèque de Voltaire passaient pour médiocres, un certain nombre devenaient précieux par les notes dont il les avait chargés de sa propre main. Quand il lisait un volume, et qu'il trouvait matière à y faire une remarque, il prenait le premier petit morceau de papier qui lui tombait sous la main, y griffonnait sa remarque, quelquefois *ab irato*, car le style et l'écriture de quelques unes décèlent le dépit et l'impatience; puis avec un pain-à-cacheter, il collait la note sur la marge du livre à l'endroit même qui avait exigé la remarque. On prétend que ce sont les livres de théologie qui ont été le plus annotés de cette manière.

On voyait au milieu de la salle plusieurs tables, les unes couvertes de cartons, et les autres, de tas de brochures ensevelies sous la poussière et qui n'avaient pas même été ouvertes; ce qui n'aura pas empêché les compliments et les éloges dont le malin vieillard régalait les auteurs en les remerciant.

Un tigre empaillé était placé dans l'intérieur près de la porte de la salle, sans doute pour en interdire l'entrée, comme symbole de la griffe du maître, aux Fréron, aux La Beaumelle, aux Nonotte, etc., etc, qui, du reste, n'étaient pas tentés de s'y présenter.

---

agissait d'une manière moins meurtrière envers les livres. Ennemi juré des longues phrases, de l'ambition des mots, de la surabondance des épithètes, il avait contracté l'habitude, non pas de lacérer les volumes, mais d'y effacer avec un crayon, tous les mots, toutes les phrases, tous les passages qui lui paraissaient superflus. Par ce moyen, il réduisait également à peu de chose bon nombre de gros volumes, de longs discours. C'est ainsi que son exemplaire des *OEuvres* de Gibbon est devenu curieux et recherché après sa mort; lord Lauderdale, qui en a fait l'acquisition, y a compté 2,598 mots, phrases et passages rayés.

Telle était la bibliothèque de Voltaire au château de Ferney, lorsque la mort l'a frappé à Paris, le 30 mai * 1778, à onze heures du soir.

Il est douteux que madame Denis, sa nièce et son héritière, eût voulu conserver ce monument curieux, car, dans l'année même de la mort de son oncle, elle a vendu, dit-on, 250,000 liv. la terre de Ferney au marquis de Villette; et cela a fort indisposé contre elle ses deux cousins, l'abbé Mignot et M. d'Ornoi, fâchés de voir passer cette habitation dans des mains étrangères **.

---

* C'est le jour anniversaire du supplice de l'infortunée Jeanne d'Arc, brûlée à Rouen par les anglais en 1431, chantée par Chapelain en 1656, et avilie par Voltaire, en 1745, trois événemens qui rendent vraiment bien déplorable le sort de cette pauvre jeune fille.

** Le marquis de Villette n'était pas tout à fait étranger au château de Ferney, car il y avait épousé en 1777 Mlle de Varicourt, l'élève et, je crois, la parente de madame Denis ; c'est dans l'hôtel de M. de Villette, à Paris, que Voltaire est mort. Le même marquis de Villette a été membre de la convention nationale, et est mort dans son propre hôtel, Quai-Voltaire, à Paris, le 10 juillet 1793.

Quant à madame Denis, elle s'est trouvée fort riche à la mort de son oncle, qui, par son testament, écrit de sa propre main en 1776, l'a faite sa légataire universelle, et lui a laissé 80,000 livres de rente et 400,000 liv. argent comptant.

Il a donné à chacun de ses neveux, l'abbé Mignot et M. d'Ornoi, 100,000 liv.

Voici quelques autres articles de ce testament, qui ne sont certes pas marqués au coin de la sensibilité, de la générosité et de la reconnaissance pour les services rendus :

Il donne à Vagnière, son secrétaire, dont il ne pouvait se passer, qu'il appelait son ami, son *fidus Achatès*, il lui donne 8,000 liv. une fois payées, rien à la femme, rien aux enfans du *fidus Achatès*.

Au reste, si madame Denis balançait sur le parti qu'elle pourrait tirer de la bibliothèque de son oncle, Catherine II, l'impératrice de Russie, mit un prompt terme à ses incerti-tudes, en lui faisant proposer par Grimm (alors ministre plénipotentiaire du duc de Saxe-Gotha) de lui céder cette bibliothèque moyennant 150,000 livres. On pense bien que madame Denis ne refusa pas une telle proposition, faite par l'auguste amie de son oncle, et marquée au coin d'une libéralité vraiment impériale*. Elle l'accepta donc, et l'im-pératrice lui fit non-seulement compter les 150,000 livres,

---

A son domestique nommé Lavigne, qui le servait depuis trente-trois ans, une année de ses gages; rien de plus.

A la Barbaras, sa gouvernante de confiance depuis longues années, 800 liv. une fois payées.

A un sieur Durieu, six livres anglais à prendre dans sa bibliothèque. Du reste, rien à qui que ce soit.

* Cette princesse qui préférait les écrivains français à ceux des autres nations, ayant appris que Diderot voulait vendre sa bibliothéque (2900 vol.), pour faire la dot de sa fille, la fit acquérir moyennant 50,000 liv, en laissa la jouissance au philosophe, et ajouta au prix d'ac-quisition un traitement de bibliothécaire ou plutôt une pension annuelle de 1000 liv., que Diderot a touchée jusqu'à sa mort, arrivée à Paris le 30 juillet 1784; il était âgé de 71 ans. Il est mort subitement entre les bras de sa fille unique (Mᵐᵉ Caroillon de Vaudreuille, qui lui a survécu 40 ans, car elle est décédée en 1824). Mais, chose singulière ! Diderot est mort à table, deux de ses oncles sont morts à table, son père et son aïeul sont morts à table.

L'impératrice de Russie avait aussi acheté la bibliothèque du marquis de Galiani, frère de l'abbé si connu à Paris; cette bibliothèque ne consistait qu'en un millier de volumes consacrés aux beaux-arts et à l'architecture.

Catherine II, née à Stettin, en 1729, est morte le 17 nov. 1796.

mais lui envoya en outre des fourrures du nord de la plus grande beauté, et accompagna le tout de la lettre suivante, écrite de sa main, et portant à la suscription :

Pour madame Denis, nièce du grand homme qui m'aimait beaucoup.

Saint-Pétersbourg, 15 octobre 1778.

« Je viens d'apprendre, madame, que vous consentez à
« remettre entre mes mains ce dépôt précieux que M. votre
« oncle vous a laissé; cette bibliothèque que les ames sensi-
« bles ne verront jamais sans se souvenir que ce grand
« homme sçut inspirer aux humains cette bienveillance uni-
« verselle que tous ses écrits, même ceux de pur agré-
« ment respirent, parce que son ame en était profondé-
« ment pénétrée. Personne avant lui n'écrivit comme lui;
« Il servira d'exemple et d'écueil à la race future. Il fau-
« drait unir le génie et la philosophie aux connaissances et
« à l'agrément, en un mot, être M. de Voltaire, pour l'é-
« galer. Si j'ai partagé avec toute l'Europe vos regrets,
« madame, sur la perte de cet homme incomparable, vous
« vous êtes mise en droit de participer à la reconnaissance
« que je dois à ses écrits. Je suis sans doute très-sensible à
« l'estime et à la confiance que vous me marquez; il m'est
« bien flatteur de voir qu'elles sont héréditaires dans votre
« famille. La noblesse de vos procédés vous est caution de
« mes sentimens à votre égard.
« J'ai chargé M. Grimm, de vous en remettre quelques
« faibles témoignages dont je vous prie de faire usage.

Signé, CATHERINE. »

L'impératrice exigea qu'on ajoutât aux livres toutes les lettres originales de Voltaire qu'on pourrait faire imprimer; même celles qui ne seraient pas dans le cas de l'être. Madame

Denis demanda seulement la permission d'en garder copie; ce qui lui fut accordé. Catherine désira encore les plans les plus exacts et dans tous les sens du château de Ferney, se proposant d'en faire construire un pareil dans son parc de Czarskoselo, et d'y élever un monument à la mémoire de Voltaire. Dans la salle de la bibliothèque, parfaitement identique à celle de Ferney, les livres seront placés dans le même ordre que celui qui existait à Ferney. La statue du grand homme figurera au milieu; et Vagnière, secrétaire du défunt, se rendra à Saint-Pétersbourg, pour présider à ces divers arrangemens.

Nous ignorons si tous ces projets ont été exécutés de point en point, mais M. Joseph de Maistre, qui, de 1803 à 1817, a résidé à la cour de Russie en qualité de ministre plénipotentiaire de Sardaigne, nous apprend dans ses *Soirées de Saint-Pétersbourg*, tom. 1. p. 319, *note*, que la bibliothèque de Voltaire est déposée au palais de l'ermitage, magnifique dépendance du palais d'hiver, bâti par l'impératrice Catherine II, et que la statue (le buste) du grand homme, exécutée en marbre blanc par Houdon, est placée au fond de la bibliothèque et semble l'inspecter. Quant à l'opinion de M. de Maistre sur le mérite des ouvrages qui composent cette bibliothèque, elle rentre complètement dans celle que nous avons rapportée ci-devant d'après d'autres autorités, et même elle est un peu plus sévère. « On ne revient pas de son étonnement, dit-il, en considé-
« rant l'extrême médiocrité des ouvrages qui suffirent jadis
« au patriarche de Ferney. On y chercherait en vain ce
« qu'on appelle les grands livres et les éditions recherchées
« de tous les classiques. Le tout ensemble donne l'idée
« d'une bibliothèque formée pour amuser les soirées d'un
« campagnard. Il faut encore y remarquer une armoire
« remplie de livres dépareillés, dont les marges sont char-
« gées de notes de la main de Voltaire, et presque toutes

« marquées au coin de la médiocrité et du mauvais ton... »
Nous n'avons pas besoin de prolonger cette citation pour
prouver que M. de Maistre n'aimait pas Voltaire, et qu'il
n'en parlait qu'avec amertume.

Quoiqu'il en soit, la haute célébrité de l'auteur de la
Henriade, de *Mérope*, de *Charles* XII, etc., fera toujours de sa bibliothèque un monument curieux.

M. Ancelot, qui, en 1826, a visité Saint-Pétersbourg,
parle aussi de cette bibliothèque qu'il a vue au palais de
l'ermitage. Il s'en exprime ainsi dans son ouvrage intitulé,
Six mois en Russie, 1827, in 8°, pp. 212-214 : « La bibliothèque du philosophe de Ferney, rangée dans le même
ordre que chez lui par les soins de son secrétaire que l'impératrice fit venir à Pétersbourg, se compose de six mille
sept cent soixante volumes; » (nous croyons plus exact
le chiffre que nous avons donné plus haut.) « Autant qu'il
m'a été possible d'en juger par les titres, car les armoires
étaient fermées, et je n'ai pu en obtenir la clef, la plupart
de ces ouvrages traitent d'histoire et de philosophie. Beaucoup aussi ont rapport à la théologie et j'ai remarqué que
ceux-là sont hérissés de petits papiers qui indiquent les
notes de Voltaire et les passages qui avaient fixé son at-
tention. J'ai vivement regretté de ne pouvoir feuilleter quel-
ques-uns de ces livres et recueillir quelques-unes des ob-
servations dont ce génie subtil et profond a chargé ces
marges, sur lesquelles vit sa pensée tout entière..... On
a réuni à la bibliothèque de Voltaire un nombre assez considérable de manuscrits de ce grand homme : On prétend
que plusieurs n'ont jamais été imprimés; il m'a été pé-
nible de ne pouvoir au moins les parcourir..... »

Tel est le passage de M. Ancelot sur la bibliothèque de
Voltaire; nous partageons ses regrets sur l'impossibilité où
il a été d'en parcourir les volumes, et surtout les manuscrits inédits dont il parle. N'aurait-il pas été induit en er-

reur relativement à ces manuscrits? Ne serait-ce pas sim-
plement le recueil de lettres et de brouillons de lettres
autographés que l'impératrice avait exigé de Mme Denis.
S'il s'était trouvé quelques ouvrages inédits, il est plus que
probable, que Catherine se fût fait gloire de les publier,
ou au moins d'en envoyer des copies aux éditeurs de Kehl,
qui n'auront pas manqué de consulter S. M. à cet égard;
car ils n'ont rien négligé pour rendre leur édition aussi
complète qu'il était alors possible.

Nous venons de rapporter tout ce que nous avons découvert sur le sort de la bibliothèque de Voltaire; il est heu-
reux sans doute que ce monument curieux soit conservé
dans toute son intégrité, mais ne serait-il pas mieux dans
une des salles de l'Institut à Paris, que sur les bords de
la Newa?

ADDITION

à la Note sur J. Bouhier, p. 6.

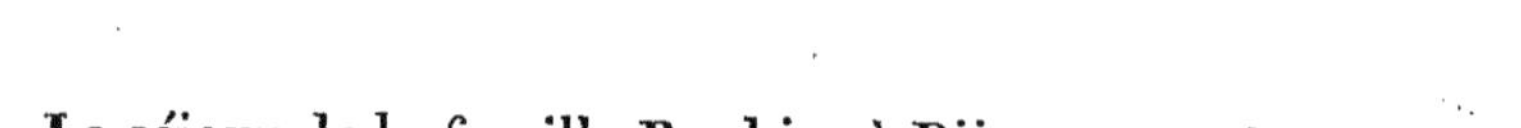

Le séjour de la famille Bouhier à Dijon remonte aux premières années du xve siècle.

Il existe dans le cabinet de M. Baudot, père, ancien magistrat, à Dijon, un vieux livre d'*Heures*, intitulé : *Hore Deipare Virginis Marie*, etc. Parisiis, 1531, *pet. in-8°, fig.*, qui certainement provient de cette famille, car on trouve en tête du volume, cinq pages manuscrites qui présentent la généalogie des Bouhiers, commençant ainsi :

« *Messire Guillaume Bouhier uint d'Arras et s'establit*
« *à Dijon en l'an 1418, suivant la fortune du duc Jean*
« (*sans peur*) *son maistre. Il mourut en 1422, laissant*
« *Jacques son fils âgé seulement de 7 ans*, etc., etc. »

Celui qui a écrit cette généalogie est le conseiller au parlement, Jean Bouhier, dont nous parlons au commencement de la p. 6. Né à Dijon en 1605, il est mort en décembre 1671 ; c'était, comme nous l'avons dit, l'aïeul du président Bouhier.

TABLE.